Wim Burkunk en Mieke Geurts

# De geheime grot

Tekeningen van Fred de Heij

Zwijsen

Vormgeving: Rob Galema
Logo Geheim: Harmen van Straaten

Boeken met dit vignet zijn op niveaubepaling geregistreerd en gecontroleerd door KPC Groep te 's-Hertogenbosch.

0 1 2 3 4 5 / 07 06 05 04 03

ISBN 90.276.4826.3
NUR 286

©2003 Tekst: Wim Burkunk en Mieke Geurts
Illustraties: Fred de Heij
Uitgeverij Zwijsen Algemeen B.V. Tilburg

Voor België:
Zwijsen-Infoboek, Meerhout
D/2003/1919/65

Niets uit deze uitgave mag worden verveelvoudigd en/of openbaar gemaakt, door middel van druk, fotokopie of op welke andere wijze ook, zonder voorafgaande schriftelijke toestemming van de uitgever.

# Inhoud

| | |
|---|---|
| 1. Een geheime grot | 5 |
| 2. Een glijbaan | 11 |
| 3. Handen op de muur | 18 |
| 4. Een eenzame tocht | 24 |
| 5. De spin | 30 |
| 6. Arrio in problemen | 36 |
| 7. Draken | 42 |
| 8. Geheim is geheim | 47 |

# 1. Een geheime grot

'Hoe zit het, Rob?' roept Arrio. Hij is al een heel
eind hoger geklommen dan zijn vriend. Daar is hij
blijven staan op een kleine, open plek.
'Stik jij,' hijgt Rob. Arrio heeft mooi praten. Die
draagt alleen de grote zaklamp en een stuk touw.
Dat is alles. Maar hijzelf sjouwt met zijn kleine
zus Lotje op zijn schouders. Ze is pas drie, maar
toch is het een heel gewicht. Ze zit bovendien geen
moment stil. Ze hopst op en neer en trekt haar
grote broer aan zijn haren.
'Hop, paardje, hop!' roept ze.
Dat maakt het wel erg moeilijk om niet te vallen of
weg te glijden.
Rob probeert verder omhoog te klimmen over de
rotsblokken en losse stenen. Er groeien wel
struiken waar hij zich aan omhoog kan trekken,
maar de meeste zitten vol gemene, scherpe doorns.
Arrio staat nijdig te wachten. 'Zo komen we nooit
bij mijn geheime grot,' snauwt hij als Rob
eindelijk naast hem staat. 'Straks worden we
betrapt en haalt de campingbaas ons terug.'
Rob haalt zijn schouders op. 'Nou én,' zegt hij
onverschillig. 'Dan gaan we niet naar je grot. Van
mij hoeft het niet meer.'
Het is waar. Hij heeft eigenlijk al schoon genoeg
van dat geklauter. Arrio kampeert hier ook met
zijn ouders, net als Rob. De jongens zijn ongeveer
even oud en meestal kunnen ze het samen goed

vinden. Maar Rob baalt soms van dat stoere gedoe
van Arrio. Hij heeft altijd wat bijzonders. Nu
beweert hij weer dat hij een geheime grot heeft
ontdekt.

'Nou? Hoe zit het? Gaan we verder of durf je
misschien niet meer?'

'Ik durf best,' zegt Rob. 'Ik krijg alleen genoeg
van al dat geklauter. En Lotje is moe. Doodmoe,
hè Lotje? Wij gaan fijn even uitrusten.'

Hij tilt zijn zusje van zijn schouders en zet haar
neer. Maar meteen probeert Lotje lachend weg te
hollen.

'Pak me dan,' roept ze.

Nog net op tijd pakt Rob haar arm. 'Hier blijven,'
snauwt hij. 'Moet je naar beneden vallen?'

Arrio knikt. 'Ik zie het,' zegt hij. 'We moeten
nodig uitrusten! Tjonge, jonge, wat is Lotje moe!'

'Ach man, krijg wat!' zegt Rob kwaad. Hij kijkt
bezorgd naar de rotsblokken en de dichte struiken.
Er loopt wel een smal paadje tussendoor, maar dat
is bijna niet zichtbaar. 'En dat daar? Wat zeg je
daarvan?' Hij wijst op het bordje dat langs het pad
staat.

'Zie je wat daar staat?' vraagt hij.

'Waar?' zegt Arrio en hij kijkt gauw een andere
kant op.

'Daar!' zegt Rob. Hij pakt Arrio's schouder beet
en draait hem om. Dan leest hij hardop voor wat er
staat. *Défense d'entrer. Terrain dangereux.*

'O, dát!' zegt Arrio onverschillig. 'Dat is Frans
voor hartelijk welkom of zoiets.'

Rob heeft de pest in, maar hij moet toch lachen.
'Doe niet zo stom, rund. Er staan hier overal van
die bordjes. Mijn vader heeft me verteld wat dat
betekent: verboden toegang. Gevaarlijk terrein!'
Arrio haalt zijn schouders op. 'Welnee. Dat geldt
alleen voor nieuwe bordjes. Dit ding is al heel oud,
dat zie je toch zo? Helemaal verroest. Dat zijn ze
honderd jaar geleden vergeten weg te halen. Kom
nou maar mee.'
Hij draait zich om en zet zijn voet op een groot
rotsblok.
'Wacht nou even,' zegt Rob zenuwachtig. 'Ik weet
echt niet of we dat nou wel moeten doen. Als we
betrapt worden!'
'Door wie?' zegt Arrio verbaasd. 'Je vader en je
moeder zitten hier al kilometers vandaan. Net als
de mijne. Gezellig samen in een bus. Klaar om
minstens tien kathedralen te bekijken en ook nog
een paar oude kastelen. Die zijn voorlopig nog niet
terug!'
'Maar ik heb ze wél moeten beloven goed op Lotje
te passen!' zegt Rob koppig. 'En als er in die
geheime grot van jou wat gebeurt, krijg ik de
schuld!'
'Wat kan er nou gebeuren?' zegt Arrio. 'Ik heb
klimtouw en ook nog een knots van een zaklamp.'
'Gejat uit de schuur van de campingbaas.'
Arrio kijkt verontwaardigd. 'Niks gejat! Geleend,
zul je bedoelen.' Hij zucht. 'Maar ik snap het wel.
Jij bent bang. Je bent gewoon een bange schijterd!'
Rob doet een stap naar hem toe. Hij is woedend en

balt zijn vuisten. 'Een bange schijterd?!'

'Ja,' zegt Arrio. 'Een watje! Een doetje! En als je me slaat, bewijs je alleen maar dat ik gelijk heb!'

Maar hij springt toch maar gauw een eindje verder van zijn vriend vandaan.

Rob haalt zijn neus op. 'Wat zou het ook. Die grot van jou stelt vast geen moer voor. Misschien is het alleen maar een gat in de rotswand. Ben je er al naar binnen geweest?'

Arrio schudt zijn hoofd. 'Kon niet. Het was daar hartstikke donker en ik had geen zaklamp bij me. Maar ik heb wel gezien dat het veel dieper was dan zomaar een holte in de rots. Toen ik iets naar binnen riep, hoorde ik de echo wel tien keer! Je zult zien, man, ik heb een geheim ontdekt! Ik zie het al in de krant staan. Met grote letters: "Avontuurlijke jongen ontdekt geheime grot"!'

'Had je gedacht,' zegt Rob. 'Er komt: "twéé jongens" te staan. Twee jongens én een peuter!'

'Maar ík heb hem ontdekt. Als eerste!' zegt Arrio.

'Jij hebt niks ontdekt. Jij hebt alleen een holte ontdekt. Een gat in de rots, dat misschien de ingang zou kunnen zijn van een grot. Van een geheime grot, die we met zijn drietjes gaan ontdekken!'

'Misschien!' zegt Arrio een beetje hatelijk.

Rob grijnst. 'Laten we maar snel gaan. Ik krijg er eigenlijk wel zin in. Even gauw een geheime grot ontdekken en dan snel terug. Komen we misschien nog in de avondkrant!'

'Leuk hoor!' moppert Arrio.

Rob pakt Lotje beet. 'Kom op, dreumes. We gaan weer verder. Arrio wil graag samen met ons in de krant!'
Met een zwaai zet hij haar op zijn schouders.
'Klaar?' vraagt Arrio.
'Ja. Maar doe me een lol: we dragen Lotje wél om de beurt!'
'Om de beurt,' zegt Lotje. Ze trekt weer aan Robs haren. 'Hop, paardje!'
En dan gaan ze verder met de verboden klimpartij, op zoek naar de geheime grot.

## 2. Een glijbaan

'Waar blijft die grot nou?' vraagt Rob. 'Als je het
mij vraagt, is er helemaal geen grot. Precies wat ik
al dacht!'
'Zeur niet,' zegt Arrio. 'We zijn er zó!'
Erg zeker klinkt het niet. Een beetje zenuwachtig
kijkt hij zoekend om zich heen.
Rob zucht en loopt verder. Ze zijn nu al een flink
stuk hoger geklommen. Arrio heeft Lotje van Rob
overgenomen. Ze zit ongemakkelijk te draaien op
zijn schouders, maar Arrio houdt haar stevig vast.
Gelukkig is het hier minder steil. Het paadje
kronkelt tussen hoge rotswanden door. Zo nu en
dan is het doodeng! Soms moeten ze een stukje om
een hoge rotspunt heen klimmen. Ze drukken zich
dan dicht tegen de bergwand aan. Vlak naast hun
voeten gaat de berg steil omlaag.
'Niet naar beneden kijken,' zegt Arrio.
Eén keer kan Rob dat toch niet laten. Uit een
ooghoek ziet hij een stukje van de camping,
helemaal in de diepte. Hopelijk heeft de baas niet
in de gaten gekregen dat zij de berg op zijn
geklommen.

Gelukkig hebben ze steeds minder last van de
dichte doornstruiken. Hier en daar staan hoge
bomen. Daar is het paadje ook iets beter zichtbaar.
Maar is dat wel steeds hetzelfde paadje? Soms
lijken er wel drie of vier door elkaar heen te lopen.

Even later is daar weer helemaal niets van te zien.
Dan klauteren ze verder tussen de bomen en de
rotsen door. Zomaar een beetje op goed geluk.

Rob tuurt naar de rotswanden om hen heen. Zijn er
in dit gebied eigenlijk wel grotten? Hij heeft daar
ook van zijn vader of moeder nooit over gehoord.
Die komen al zo lang in deze streek. Dan hadden
die dat toch wel moeten weten. Maar alles wat er
te zien is, zijn brokkelige rotsen met hier en daar
wat groen. Nergens is er iets dat ook maar lijkt op
de ingang van een grot.
Zo kunnen we nog wel de hele dag blijven zoeken,
denkt Rob. En nog erger: die rare punt steen, die
daar omhoogsteekt, met die gele bloemen? Heeft
hij die al niet eerder gezien? Hij krijgt het gevoel
dat ze rondjes lopen. Hij blijft stilstaan.
Lotje kijkt om.
'Paardje,' roept ze. 'Ik wil terug op ander paardje!'
Arrio tilt haar van zijn schouders en draait zich
om. 'Paarden wisselen!' roept hij opgewekt. Hij is
kennelijk blij weer van zijn vrachtje verlost te
worden.
'Kom op,' zegt hij. 'We moeten een beetje
opschieten!'
Rob schudt zijn hoofd. 'Niks opschieten. Je kan
me de pot op. Ik ga terug.'
'Maar de grot dan? We zijn er bijna!'
'Dat zal best,' zegt Rob. 'Dat heb je al tien keer
gezegd.'
Hij pakt Lotje op en zet haar met een zwaai op zijn

schouders. Meteen pakt ze zijn haren beet en trekt.
'Hop paardje, hop!' roept ze. 'Hop naar de grot!'
'Niks grot,' zegt Rob. 'Er is geen grot!'
'Welles,' zegt ze en wijst. 'Daar!'
'Nietes,' zegt Rob, maar hij kan het niet helpen dat
hij toch in de richting kijkt die ze aanwijst. En dan ...
Zijn mond zakt open. Wel verdraaid. Ze heeft
gelijk. Achter een groot, hoog rotsblok, half
verborgen door het groen, is een opening. Een
grote, donkere opening in de rotswand. Waarom
hebben zij dat niet gezien en zag Lotje het wél? Ze
zijn hier toch al eerder langsgekomen? Wel twee
of drie keer. Of was die ingang daar toen nog niet?
En is hij daar opeens omdat Lotje dat graag wil?
Onzin, natuurlijk, maar met Lotje weet je dat
nooit. Soms zegt of doet ze dingen die helemaal
niet kunnen. Dingen die nog moeten gebeuren.
Morgen of het volgend jaar. Mama denkt dat Lotje
helderziend is, maar daar moet papa altijd vreselijk
om lachen. 'Jaja,' zegt hij dan. 'Lotje is vast een
heks. Pas maar op dat ze later niet op de
brandstapel komt!'

De grot bestaat dus toch. En wat voor een! De
opening is hoog en breed.
Arrio lacht. 'Wat heb ik je gezegd! Ik ben toch niet
gek! Ik wist dat het hier ergens moest zijn. Kom
op!'
Meteen gaat hij op de opening af en met Lotje op
zijn schouders gaat Rob achter hem aan.
Bij de ingang staan ze even stil.

13

'Het ziet er wel erg donker uit!' zegt Rob.
'Allicht,' zegt Arrio. 'Wat had je dan gedacht?
Had je gerekend op straatverlichting door de
gemeente? Ik heb niet voor niets een zaklamp
geleend!' Hij knipt de lamp aan en schijnt naar
binnen. Hij knikt. 'Mooi! Een makkie, als je het
mij vraagt!'
Meteen stapt hij de grot in.
Als Lotje merkt dat haar broer nog aarzelt, trekt ze
hem nog harder aan zijn haren. 'Hop, hop!'
Rob gaat toch maar achter Arrio aan. Voorzichtig
met zijn voeten zoekend naar houvast stapt hij het
duister in. Prompt glijdt hij uit.
'Dom paard!' zucht Lotje als hij overeind krabbelt.

Het begin valt mee. Arrio schijnt met de zaklamp
in het rond. Ze zien nu dat ze in een grote ruimte
terecht zijn gekomen. De vloer is tamelijk vlak en
ligt vol gruis, grote en kleine steenbrokken. Je
kunt met gemak rechtop staan, maar lopen kost
moeite. Rob begrijpt nu waarom hij gevallen is.
Alles hierbinnen is begroeid met een dik soort
glibberig mos. Hier en daar zijn kleine veldjes van
wit spul, dat op heel kleine paddestoelen lijkt.

'Kom hier eens kijken!' roept Arrio, die snel
verder de grot binnen is geschuifeld. Opgewonden
schijnt hij met de lantaarn op een smalle opening.
'Hier gaat het omlaag. Het lijkt wel een trap.'
Voorzichtig loopt Rob naar hem toe en kijkt. Hij
ziet een gang die erg steil omlaaggaat. Arrio

schijnt naar beneden met de lantaarn. De gang loopt zo ver de diepte in dat ze er bijna duizelig van worden. Ze zien dat ook hier de stenen begroeid zijn met hetzelfde groenwitte glibberspul. Rob rilt. 'Noem je dat een trap? Een glijbaan is het! Daar krijg je mij niet langs omlaag. Voor geen goud!'

'Bange schijterd,' zegt Arrio. 'Zie maar wat je doet. Ik ga naar beneden!' Meteen zet hij zijn voet op een steen die er best stevig uitziet. Maar dat valt tegen.

'Help!' schreeuwt hij als de steen onder hem wegglijdt en rommelend in de diepte verdwijnt. Snel buigt Rob zich voorover en grijpt een van Arrio's zwaaiende armen beet. Hij probeert hem terug te trekken, maar het lukt niet. Integendeel! Hij glijdt nu ook uit en samen met Lotje duikt hij voorover. Met zijn drieën glijden ze schreeuwend en krijsend omlaag. De jongens grijpen om zich heen, maar vinden nergens houvast. Soms stoten ze hun hoofd zo hard dat ze sterretjes zien. Met hun benen en armen schuren ze zo nu en dan langs gemene blokken steen. Voor hen uit zien ze het licht van de zaklantaarn, die mee omlaag rolt. Hij blijft gelukkig branden, maar het licht danst wild alle kanten op.

Opeens is het voorbij. Met een harde smak komen ze tot stilstand.

Rob voelt hoe hij midden in een dikke prut van mos en paddestoelen ligt. Overal voelt hij pijn. Hij

ziet het licht van de zaklantaarn. Het ding is vlak
naast hem terechtgekomen. Hij pakt hem beet en
schijnt om zich heen.

'Lotje?' kreunt hij. 'Arrio?'

'Ik ben hier, Rob!'

Dat is Arrio. In het licht van de lantaarn ziet Rob
hoe hij door de smurrie naar hem toe komt
kruipen.

'Lotje?' roept Rob opnieuw.

'Paardje stout!' zegt ze. Hij schijnt in de richting
waar haar stem vandaan komt. Ze zit op de grond
en wrijft door haar verwarde haren.

Snel komt Rob overeind en kruipt naar haar toe.

'Heb je je pijn gedaan?'

'Paardje stout,' zeg ze boos. 'Haar in de war
gemaakt!'

Rob kan het niet helpen, maar hij begint te gillen
van het lachen. Dat kleine kreng! Valt dat hele
eind omlaag en mankeert niets! Ze is alleen maar
boos omdat haar haren in de war zijn geraakt!

'Lach niet zo stom,' zegt Arrio. Hij heeft de lamp
uit Robs handen gepakt en schijnt de gang in naar
boven. 'Hoe komen we weer terug omhoog?'

## 3. Handen op de muur

Rob is naast Arrio gaan staan en samen turen de jongens angstig naar boven. Ze schijnen met de zaklamp omhoog. Ze zijn wel een meter of tien, vijftien bijna steil omlaag gegleden. Het is niet te geloven dat ze daar zonder al te veel brokken van af zijn gekomen. Een paar schrammen en builen, dat is alles. En Lotje mankeert zelfs helemaal niets.

Maar hoe moet het nu verder? Terug omhoog klimmen lijkt niet mogelijk.

'En op redding hoeven we voorlopig ook niet te rekenen,' zegt Arrio somber. 'Zelfs als ze ons missen en op zoek gaan, is er niemand die weet dat we hier zijn.'

'Kunnen we niet iets doen met het touw?' vraagt Rob.

'Dan moet je het touw wél eventjes gaan ophalen,' zegt Arrio. 'Dat ligt nog boven!'

'Mooie bergbeklimmer ben jij, zeg,' snauwt Rob. 'Jij met je geheime grot! Ik had nooit naar je moeten luisteren.'

Ze krijgen bijna ruzie, maar Lotje grijpt in. 'Ik wil niet naar boven,' zegt ze. Ze wijst de andere kant op. 'Ik wil daarheen.'

De jongens kijken om. Ze zien het begin van een andere gang. Hij is smal. Iets verder maakt hij een bocht. Zouden ze langs die kant een uitweg kunnen vinden?

Arrio ziet het kennelijk wel zitten. 'Goed idee!' zegt hij vrolijk. 'Net wat ik zelf ook al wilde voorstellen. Langs die kant vinden we vast wel een andere uitgang.'

'Laten we dan maar hopen dat die gang niet doodloopt,' zegt Rob somber. 'Anders ziet het ernaar uit dat wij holbewoners gaan worden.'

Arrio snuift. 'Daar heb je hem weer. Grotten hebben altijd een hele hoop in- en uitgangen! Dat weet zelfs een klein kind.'

'Natuurlijk, meneer de professor,' zegt Rob. 'Dom van me. Dat was ik even vergeten. Laten we maar gauw op zoek gaan, want erg warm kan ik het hier niet vinden. En mag ik u er nog even aan herinneren dat u weer paard mag zijn?'

Lotje verhuist weer naar de schouders van Arrio en ze gaan op weg. Voorbij de bocht zien ze dat de gang gelukkig verder loopt. Hij gaat hier minder steil omlaag. Er groeit hier ook veel minder van het glibberige mos op de grond. Eigenlijk loopt het best prettig. Wel hebben ze de zaklamp hard nodig. De gang maakt soms scherpe bochten. Er zijn stukken die erg smal en laag zijn. Ook moeten ze steeds goed oppassen om niet te struikelen over losse brokken steen. Dat valt niet mee.

Arrio is erg nieuwsgierig en schijnt met de lamp alle kanten op. Als Rob alweer struikelt en bijna valt, wordt hij kwaad.

'Op de grond schijnen!' roept hij. 'Moet ik mijn nek breken?'

Arrio kijkt verontwaardigd. 'We zijn een ontdekkingsreis aan het maken,' zegt hij. 'Als ik alleen op de grond schijn, vinden we niets belangrijks!'

'Wat had meneer dan willen vinden?'

'Weet ik veel,' zegt Arrio. 'Iets waarmee we kunnen bewijzen dat we een geheime grot hebben ontdekt. Een nis in de muur met een pot vol gouden munten. Of met een geraamte. Stel je voor!' Hij wordt steeds enthousiaster.

'Wel ja,' zegt Rob. 'Waarom geen víer geraamtes? Gezellig in een kringetje in onze geheime grot.'

'Leuk hoor,' zegt Arrio. 'Wacht maar! Als we straks schatrijk en beroemd zijn, piep je wel anders!' Meteen zet hij Lotje op de grond.

'Jouw beurt!'

Rob bukt zich al voorover om haar op te tillen als hij opeens iets hoort. Hij blijft doodstil staan en luistert.

'Wat heb je?' vraagt Arrio.

'Stil,' zeg Rob. 'Hoor jij dat ook?'

Er klinkt een vreemd geluid.

'Luister. Het lijkt wel of er iemand op een fluit speelt.'

Nu hoort Arrio het ook. Het geluid komt ergens uit de verte. Het duurt steeds maar heel even. Het begint zacht. Dan zwelt het aan en sterft weer weg.

'Het is net of er iemand op een orgeltje speelt,' zegt Arrio. 'Heel zacht.'

Snel tilt Rob zijn zusje op zijn schouders en op hun tenen lopen de jongens verder. Na een poosje

wordt het geluid sterker. Ze gaan weer een bocht
om en dan ...

Opeens staan ze in een grote ruimte. Door kleine
spleetjes hoog boven hun hoofden valt licht naar
binnen. Zonlicht! Het fluiten komt door de wind
die soms even door die spleten blaast.
'Zie je nou wel!' zegt Arrio. 'Ik zei toch dat elke
grot wel honderd uitgangen heeft!'
'Zo is het maar net!' zegt Rob en wijst naar boven.
'En het zijn ook van die mooie uitgangen. Zo ruim
en zo gemakkelijk. Je hoeft alleen maar even flink
omhoog te springen. Een metertje of twintig, schat
ik. En je dan heel klein en dun maken, want die
spleetjes zijn nogal smal. Als dat je lukt, sta je zó
buiten.'
Arrio zucht. 'Wat ik zo leuk aan jou vind,' zegt
hij, 'is dat je zo'n mopperkont bent. Je ziet altijd
wel kans ...'
Hij krijgt geen gelegenheid zijn zin af te maken.
'Handen!' roept Lotje. 'Daar!' Ze wijst opzij naar
een van de hoge wanden.
'Verdraaid,' zegt Arrio. 'Moet je zien. Die hele
wand staat vol met geschilderde handen!'
Haastig lopen ze erheen.
'Dat zijn tekeningen uit de oertijd,' zegt Rob
opgewonden. 'Zo staan ze ook in een boek bij ons
thuis. Die zijn wel honderdduizend jaar oud!'
Arrio lacht. 'Misschien wel een miljoen jaar!'
Van dichtbij zie je nu ook duidelijk de kleuren.
Rood, zwart en geel. De hele wand staat er vol

21

mee. Sommige zijn heel groot, maar er zijn ook kleintjes bij. Kinderhandjes bijna. Hoe langer ze kijken, hoe meer ze er zien, tot ver boven hun hoofden. Overal geschilderde handen.

'Handje pakken,' zeg Lotje.
Rob doet een stapje naar voren, zodat ze een van de grootste handen kan aanraken.
'Niet die,' zegt ze en ze strekt haar hand uit naar een kleiner model.
Eerst ziet Rob niet wat ze bedoelt. Het handje dat ze aanwijst is vaag bruin en ook moeilijk bereikbaar. Het zit nogal hoog en is bijna niet zichtbaar op de grauwe rotswand. Arrio schiet te hulp. Samen tillen ze Lotje hoog op.
'Mooi handje,' zegt Lotje.
Tevreden spreidt ze haar vingers. Ze drukt haar open hand op de schildering.
En dan ...

Opeens is er een vreemde, blauwe lichtgloed om het drietal heen. Eerst is het nog maar een vaag schijnsel. Maar al snel wordt het feller en feller. Rob geeft een schreeuw van angst als hij ziet hoe de rotswand verdwijnt. Dan ziet hij niets meer. Hij krijgt het gevoel dat hij in een stroom van verblindend licht wordt opgezogen. Wanhopig tast hij om zich heen. Waar is Lotje? Waar is Arrio?

## 4. Een eenzame tocht

Langzaam trekt het verblindende, blauwe licht
weg. Rob moet nog wel een paar minuten lang
knipperen met zijn ogen voordat hij vaag weer iets
begint te zien.
Hij kijkt rond. Er klopt iets niet. De grot is weg.
Om zich heen ziet hij alleen maar bomen en
struiken. Maar ze zien er vreemd uit. Ze zijn
ánders. Het zijn bomen en struiken zoals hij die
nooit eerder heeft gezien. Er hangen takken
omlaag, die niet op gewone takken lijken. Ze
kronkelen en doen denken aan grijpende armen en
handen met lange, kromme vingers. Doodeng!
Boven de dichtbegroeide toppen zijn kleine stukjes
blauwpaarse lucht te zien. Er drijven wolken
voorbij in alle kleuren van de regenboog. Een
enkele zonnestraal prikt door het groen omlaag.
Angstig vraagt hij zich af waar hij is. In wat voor
vreemde wereld is hij terechtgekomen? Waar is
Lotje? Hij moet op Lotje passen, maar waar is ze
gebleven? Hij kan wel janken.
Maar dan maakt zijn angst plaats voor woede. Hij
wordt woedend op Arrio. Die stommerd met zijn
geheime grot. Had hij maar nooit naar hem
geluisterd.
'Wacht maar tot ik je te pakken krijg!' gromt Rob.
'Ik sla je bolle neus helemaal plat. Ik ...' Hij stikt
haast van woede.
Opeens kriebelt er iets aan zijn voet. Een beest.

Het lijkt een grote hagedis met gekleurde schubben. Op zijn kop en over zijn rug loopt een lange, hoog opstaande kam. Het beest kijkt hem aan met starende ogen.
'Kssst!' roept Rob. 'Ga weg, engerd!'
Begrijpt het beest dat? Het steekt zijn tong uit. Dan maakt het een raar, mekkerend geluidje en schuifelt weg.

Robs woede is weer even snel gezakt als hij was opgekomen. Hij staat op. Het heeft geen zin hier te blijven zitten. Hij zal op zoek moeten naar Lotje en Arrio. Maar waar kunnen die gebleven zijn? Hij kijkt om zich heen.
'Lotje?' roept hij. 'Arrio?'
Meteen klinkt er antwoord.
'Lotje! Lotje!' hoort hij een schorre stem roepen.
'Arrio, Arriòòòh! Kra-hahaha!'
Hij kijkt naar boven. Op een tak hoog in de boom zit een vogel. Hij heeft felle kleuren en een enorme bek. Het zou een papegaai kunnen zijn, maar dan toch wel een erg grote! De dikke tak waarop hij zit buigt door onder zijn gewicht. Hij houdt zich vast met enorme klauwen.
'Lotje, Arrio,' krast hij nog eens. 'Kra-kra-hahaha!' Het lijkt wel of hij Rob zit uit te lachen. Dan slaat hij zijn vleugels uit. Ze zijn diepzwart en wel een paar meter breed. Hij buigt zijn kop en kijkt omlaag. Dan springt hij van de tak. Ondanks zijn enorme afmeting duikt het monster met het grootste gemak tussen de wirwar van takken door.

25

Hij zwenkt naar beneden, recht op de jongen af.
Rob ziet de opengesperde bek en de scherpe,
kromme snavel op zich afkomen. Hij gilt van angst
en kruipt zo ver mogelijk weg tussen de takken en
het groen. Een windvlaag strijkt over hem heen als
de vogel vlak over zijn hoofd scheert. Meteen gaat
hij weer steil omhoog en vliegt weg. Met een
schorre kreet verdwijnt het beest in de verte.

Nog even blijft Rob tussen de struiken liggen. Wat
is dit voor een doodeng gedoe? Is hij in slaap
gevallen en is dit een nachtmerrie? Maar dan
kruipt hij toch weer te voorschijn. Hij moet verder.
'Lotje?' roept hij opnieuw. Hij moet haar gaan
zoeken. Maar welke kant moet hij op? Overal om
zich heen ziet hij alleen maar dichte takken,
bladeren en lange, harige slingerplanten. Het lijkt
of hij in een enorm oerwoud terecht is gekomen.
Zo nu en dan hoort hij ook de vreemdste geluiden.
Er zijn vogels die zingen, piepen en krassen. Soms
waaien er plotselinge windvlagen door de bomen.
Stormvlagen, die even snel verdwijnen als ze zijn
opgekomen. Een enkele keer hoort hij een
angstaanjagend gebrul of gekrijs. Het klinkt of er
ergens enorme monsters met elkaar aan het
vechten zijn.
Rob haalt diep adem en schudt opnieuw met zijn
hoofd. Dit is allemaal onzin. Dit bestaat niet echt.
Dat kan niet. Hij besluit om zich nergens nog iets
van aan te trekken.
Er liggen heel wat losse takken op de grond. Op

zijn gemak zoekt hij een flinke dikke uit. Woest slaat hij in het groen om zich heen en begint zich een weg te banen door het dichte bos.

Het lijkt een droom waarin hij beland is, maar het voelt anders. De takken en doorns voelen erg echt aan. Binnen de kortste keren zit hij onder de schrammen en de bulten. De grond waarover hij loopt maakt hem doodmoe. Was het maar een gewoon, echt bos. Met gewone, stevige bosgrond. Maar nee! Soms is er een soort moeras waar hij tot over zijn knieën in zakt. Even later is er alleen maar mul zand, waarin hij haast niet vooruit kan komen. Dan weer ploetert hij door hoge bergen afgevallen blad.

Maar hij zet door. Hij moet Lotje vinden. Hij moet haar beschermen. Lotje is nog zo klein. Misschien zit ze wel ergens in haar eentje te huilen in dit enge bos vol monsters. Want monsters zijn er ook! Niet alleen hoort hij ze soms, maar een enkele keer krijgt hij ze ook te zien. Afschuwelijke monsters komen voorbij. Kruipende, hollende en vliegende gevaarten.

Rob wordt steeds banger. Hij duikt weg tussen de struiken en houdt zich doodstil in de hoop dat ze hem niet zullen zien. Een paar keer scheelt het maar weinig. Een snuivend monster, zo groot als een olifant, besnuffelt de struik waar hij verstopt zit. Met drie lange slurven betast hij Robs rug, zijn hoofd en zijn benen. Rob blijft onbeweeglijk zitten, al doet hij het bijna in zijn broek. Maar ten slotte stapt het beest verder, stampend op zes logge poten.

Het ergste overkomt hem met een soort tijger. Onverwacht springt het beest boven op hem. Het likt hem met een grote, natte tong kletsnat.

Rob kijkt recht in zijn opengesperde muil. 'Me niet opeten,' jankt hij. 'Ik voel me ziek. Ik ben niet lekker! Echt niet.'

Heeft dat geholpen? Of had het monster geen trek? Na een tijdje sluipt het gelukkig weer weg.

Ten slotte kan Rob niet meer. Hij móet even gaan zitten. Daar, onder die bessenstruik misschien? Hij valt neer. Om hem heen hangen glimmende, rode bessen. Ze bengelen in trosjes vlak voor zijn mond. Rob merkt opeens dat hij honger heeft. Honger en dorst. Als hij zijn mond opendoet, glippen er zomaar een paar bessen naar binnen. Ze zijn heerlijk sappig en zoet. Als ze maar niet giftig zijn! Maar wat zou het ook, denkt hij. Wat kan het me allemaal nog schelen. De honger en de dorst winnen het. Gretig hapt en slikt hij om zich heen en ...

# 5. De spin

'Lig je lekker?' vraagt zijn moeder. Maar het is zijn moeder niet. Het is een spin. Een heel grote, die zacht aan hem schudt. Rob ligt lekker, dat wel, maar hij heeft nog zo'n slaap.
'Ga weg,' zegt hij daarom. 'Laat me slapen!'
Even blijft het stil.
'Wil je een wormpje?' vraagt de spin. 'Of liever een banaan?'
Rob gluurt door zijn oogharen en schrikt. Hij ligt te slapen in de armen van een monster! Hij weet zich geen raad. Bovendien ziet hij nu ook dat hij zich heeft vergist. Het is geen spin. Het is een aap. Een aap met acht lange, zwaarbehaarde armen. Eén daarvan steekt ze omhoog. Met de vingers van haar hand krabbelt ze peinzend over haar kop. Haar ogen lijken op spiegeltjes, die naar alle kanten staren. Daarin ziet Rob zichzelf heel klein en wel honderd keer tegelijk. Hij probeert het beest weg te duwen, maar dat hoeft al niet meer. De aap is verdwenen. Rob ligt niet langer in de armen van een spin of van een aap. Hij ligt in een wijdopen bloemkelk. Het voelt aan als een matras van dons. Om hem heen schijnt warm licht door de bladeren van de bloem. Zachtroze. Er vliegen een paar beestjes rond zijn hoofd. Ze zoemen zacht. Het lijkt nét of ze een slaapliedje zingen. Rob krijgt de neiging om weer te gaan slapen.
'Nee!' zegt hij beslist. 'Niks slapen! Ik heb wel

wat beters te doen! Ik moet op zoek naar Lotje en
naar Arrio.'

Snel klimt hij langs de dikke steel omlaag. Op de
grond kijkt hij rond. Welke kant moet hij op?

'Dat hangt ervan af,' zegt een stem ergens uit het
groen. 'Dat hangt ervan af waar je heen wilt.
Anders zijn alle kanten goed.'

Rob schrikt. Wie praat daar tegen hem? Hij kijkt
naar boven. Het duurt even voor hij haar ziet. Het
is de aap, die nu weer helemaal spin is. Kan dat
beest zijn gedachten lezen? Zij zit goed
verscholen. Hij ontdekt haar, omdat hij het
zonlicht ziet schitteren in haar spiegelogen.

'Ik vind jou raar,' zegt ze. 'Jij blijft er steeds
hetzelfde uitzien. Wat saai. Kom je hier wonen?'

'Ik kijk wel uit,' zegt Rob. 'Ik ben op zoek naar
mijn zusje. Lotje. Heb jij haar soms gezien?'

'Natuurlijk,' zegt de spin. 'Waarom dacht je dat ik
gekozen heb voor zo veel ogen? Ik zie alles!
Wacht maar even.'

Meteen groeien er twee steeltjes uit haar kop
omhoog. Haar ogen zitten daar nu bovenop. De
steeltjes lijken lange voelsprieten, die ze nu rond
laat draaien.

'Ja!' zegt ze. De voelsprieten zakken weer terug in
haar kop. 'Ik heb haar. Ze is bij Parvas in de
mensengrot.'

'Wie is Parvas?'

Ze kijkt verbaasd. 'Weet je dat dan niet?'

'Nee,' zegt Rob. 'Hoe zou ik dat moeten weten?'

Ze sluit haar ogen. Kennelijk denkt ze diep na. 'Ik

snap het al,' roept ze opeens. 'Jij komt van de
andere kant. Hoe is het mogelijk. Na al die tijd een
bezoeker van de andere kant! Het is niet te
geloven.'
Verbaasd bekijkt ze de jongen van alle kanten.
Rob begint zich wat ongemakkelijk te voelen.
'Ja, hoor eens ...'
'Ik zal het je uitleggen,' zegt ze. 'Parvas is ... Tja,
hoe zeg je dat?' Ze peinst om de goede woorden te
vinden. 'Parvas is heel oud en heel wijs. Hij is de
beste veranderaar van ons allemaal. Jullie zouden
hem een koning noemen. Of de president of zoiets.
Op het ogenblik is hij bezig je zusje spelletjes te
leren.'
'Spelletjes?' Nu snapt Rob er echt niets meer van.
'We hebben geen tijd voor spelletjes. Ik heb
beloofd dat ik goed op Lotje zou passen. We
moeten terug naar de camping. Als ik te laat ben,
dan zwaait er wat!'
'Niet zo'n haast,' zegt de spin. 'We gaan al!' Ze
draait zich om.
Rob kijkt verbaasd, want opeens is ze weer
helemaal aap. Hij ziet nu ook waar die lange,
slingerende poten voor dienen. Om zich heen
grijpend slingert ze zich van tak naar tak tussen de
bomen door. Rob probeert haar op de grond bij te
houden. Dat lukt natuurlijk niet. Ze gaat veel te
snel.
'Hé! Wacht even! Niet zo vlug!'
Ze is al een heel eind van Rob vandaan en kijkt
verbaasd om. Van boven uit de boom roetsjt ze

een heel eind omlaag. Vlak boven zijn hoofd blijft ze hangen.

'Jij bent een jong!' Het klinkt alsof ze een ontdekking doet. 'Jij bent een nog heel jong jong!'

Rob weet niet goed wat hij daarop moet zeggen.

'Ik ben bijna twaalf,' zegt hij. ' Zó jong kan ik dat nou echt niet vinden. Na de vakantie ga ik al naar groep acht!'

De aap knikt en slaat een van haar lange armen om Robs middel.

'Jong,' zegt ze tevreden. 'Nu snap ik het. Jong kan nog niet zelf klimmen. Jong moet zich goed aan mij vasthouden.'

En daar gaan ze.


Het is afschuwelijk. Links, rechts en soms ook ver in de diepte vliegt het bos voorbij. Met het grootste gemak slingert de aap zich van de ene boomtop naar de volgende. Soms lijkt ze zonder houvast zomaar door de lucht te vliegen. Vaak hangt Rob met zijn hoofd omlaag. Nu vallen we echt te pletter, denkt hij een enkele keer als ze omlaag suizen. Als een echt apenjong klemt hij zich wanhopig vast aan de gladde vacht. Maar hij merkt dat hij zich voor niets zo bang maakt. Na elke duik omlaag krijgen de lange armen van de aap toch weer een tak te pakken. Met dezelfde vaart gaat het ook weer omhoog, maar dat is een heel ander gevoel.

'Stop!' kreunt Rob dan. 'Ik moet overgeven!'

Maar daar trekt de aap zich niets van aan. Verder

gaat de tocht. Steeds verder. Zou ze echt wel
weten waar Lotje is?

Opeens mindert zij vaart. Even hangt ze heel stil
aan een dikke tak, hoog in een boom. Ze lijkt te
luisteren.
'Ja,' zegt ze na een poosje. Haar stem klinkt heel
tevreden. 'Het klopt. Ik dacht al dat ik iets
vreemds hoorde. Dat is de stem van je vriend
Arrio, die om hulp roept.'

## 6. Arrio in problemen

'Arrio? Heb je Arrio gevonden?'
'Ja,' zegt ze. 'Arrio zit daar beneden. In het
drijfzand. Mooi!'
'In het drijfzand?' Rob hapt naar lucht. 'Dat is niet
móói! Dat is vreselijk! Daarin gaat hij dood!'
'Welnee,' zegt de aap. 'Het is een flauw spelletje
van het zand. Zand is erg dom. Dat wil dat hij een
vis wordt. Een zandvis.'
'Zandvis?'
Ze schudt haar hoofd. 'Dat kan natuurlijk niet. Een
echte zandvis leeft onder het zand. Dat kan Arrio
niet. Dan stikt hij. Maar zand is dom. Het wil met
hem spelen.'
'Nu wordt het toch echt te gek!' krijst Rob. 'We
zijn hier niet om spelletjes te spelen. We moeten
hem redden!'
'Stil maar,' zegt de aap. 'Ik zei toch dat het zand
dom is. Water is slim. Lucht ook, maar zand! Bah,
dat is het domste dat er bestaat. Vooral drijfzand!
Maar je hoeft niet bang te zijn. Ik zal hem er
uithalen.'
Snel glijdt ze omlaag uit de boom en zet Rob op de
grond.
Het duurt even voor hij weer gewoon op zijn
benen kan staan. Hij moet zich even vasthouden
aan de stam van de boom. Het duurt gelukkig maar
een paar tellen. Dan trekt het gevoel weg.
Hij kijkt rond. Arrio? Waar is Arrio? En waar is de

aap opeens gebleven?

'Hier,' zegt de aap en Rob ziet dat ze weer verandert. Ze wordt nu een grote, dikke, lange slang.

'Wat doe je?'

'Zand is bang. Vooral bang voor slangen. Die kunnen ook niet wegzakken in het drijfzand. Kom maar mee.' Snel glijdt ze tussen de struiken door.

'Help! Help!'

Dat is Arrio. Zijn stem klinkt nu van heel dichtbij.

'Waar ben je?' roept Rob. 'We komen je helpen! Wees maar niet bang.'

Zo snel als hij maar kan holt hij achter de slang aan. Zij stopt waar de plantengroei ophoudt. Iets lager is een kleine plek met geel zand. Daar is Arrio! Hij is al tot ver boven zijn middel weggezogen in het zand. Met zijn handen grijpt hij wild om zich heen. Tevergeefs probeert hij om ergens houvast te vinden.

Rob schat de afstand. Hij staat niet ver van de kant af. Hij rukt een lange tak van een struik en steekt die naar voren.

'Pak beet,' roept hij. Hij wil proberen Arrio daarmee naar de kant te trekken.

'Doe niet zo stom,' zegt de slang. 'Moet jij er soms ook in vallen? Laat mij maar even mijn gang gaan.'

Meteen glijdt zij omlaag en kronkelt het zand op. Daar maakt ze eerst een grote kring rond Arrio. Dan komt ze overeind met haar bovenlijf. Ze steekt haar kop omhoog en sist kwaadaardig naar

het zand.

'Geef terug. En vlug een beetje! Kun je wel tegen zo'n kleine jongen!'

Ze sist opnieuw en staart strak naar het drijfzand. Het duurt even, maar dan ziet Rob hoe Arrio heel langzaam omhoog komt. Het lijkt wel of iemand hem naar boven duwt. Al snel komt het zand nog maar tot aan zijn knieën. Snel trekt hij nu zijn ene been omhoog. Zo gauw zijn voet vrijkomt, zet hij die voor zich uit op het zand. Heel voorzichtig. Het houdt! Zijn voet zakt er niet langer in weg. Nu trekt hij ook zijn andere been omhoog. Hij doet een stap naar voren. Dan nog een. Hij maakt een sprong en staat weer op de kant.

De jongens zijn meestal niet zo gek op geknuffel, maar deze keer wel. Ze omhelzen elkaar alsof ze voetballers zijn na een beslissende goal. Ze rollen samen over de grond. Ze slaan op elkaars ruggen. Ze gillen en ze schreeuwen, tot de slang er ten slotte genoeg van krijgt.

'Ik dacht dat je zo nodig naar Lotje toe moest. Zullen we dan maar verdergaan?'

Ze is inmiddels weer aap geworden. Snel maakt Rob aanstalten om op haar rug te klimmen.

'Wat doe je nou?' Arrio kijkt vol afgrijzen naar de aap. 'Je laat je toch niet ontvoeren door dat monster?'

Rob moet lachen. 'Dat monster doet ons niets. Echt niet. Ze brengt ons naar Lotje toe.'

'Hoe weet je dat? Ik weet niet waar we terechtgekomen zijn, maar het is hier bloedlink.

Het zit overal vol met monsters.' Van opwinding struikelt Arrio bijna over zijn woorden. Hij kan niet ophouden en ratelt maar door. 'Er zaten de hele tijd allerlei beesten achter me aan. Eentje probeerde me plat te trappen. Ik kon nog maar nét op tijd opzij springen. Een ander wilde me opvreten. Kletsnat heeft hij me gelikt. En zo ging het maar door! Heel grote en heel kleine monsters. Ik begrijp niet hoe ik dat allemaal heb overleefd. Soms scheelde het echt maar een haartje.'

'Rustig nou maar,' zegt Rob. 'In het begin dacht ik dat ook. Maar dat is niet zo. Er zijn hier heel veel monsters, maar gevaarlijk zijn ze niet. Echt niet. Ze zien er alleen maar gevaarlijk uit. Gevaarlijk en vooral erg raar!'

'Dank u!' zegt de aap. 'Heb je wel eens in de spiegel gekeken?' Ze grinnikt. 'En gaan we nu nog of niet?'

Meteen slaat ze een arm om Rob heen en tilt hem op. Met een tweede arm wil ze Arrio nu ook beetpakken.

'Nee!' gilt hij en rent weg.

Maar de aap is sneller dan Arrio. Met een paar grote stappen haalt ze hem in en slaat een arm om zijn middel. Hij spartelt en gilt maar de aap laat niet los. Ze maakt sussende geluidjes en klimt de boom in.

De reis gaat nu minder snel. De aap moet nu twee jongens vasthouden. Met Rob heeft ze weinig moeite. Die raakt al een beetje gewend aan deze

40

manier van reizen. Hij begint er zelfs plezier in te krijgen. Maar voor Arrio is dat anders. In het begin spartelt hij hevig tegen. Rob probeert hem wel gerust te stellen, maar dat helpt weinig. Het duurt een hele tijd voor hij zijn verzet opgeeft. Maar ten slotte lijkt het of hij er toch wel plezier in krijgt. Het avontuur is dan ook te gek voor woorden! Met zijn tweetjes door de lucht zweven in de armen van een aap! Een reuzenaap met acht armen!

'We zijn er bijna,' zegt de aap na een tijdje. Ze wijst omlaag. 'Dáár! Daar is de grot van Parvas. De mensengrot. Daar mogen dieren niet komen. Ik zet jullie hier dus maar op de grond.'
Nu zien de jongens het ook. In de berg, vlak voor hen, is de ingang zichtbaar van een grot.
De aap maakt een laatste, grote zwaai tot in een boom, niet al te ver van de ingang. Daar laat ze zich omlaag zakken en zet Rob en Arrio op de grond.
'Verder vinden jullie het wel. Tot ziens.'
Snel draait ze zich om. Ze klimt de boom weer in en verdwijnt tussen de bladeren.
Rob kijkt haar na. Klonk haar stem echt een beetje teleurgesteld of verbeeldt hij zich dat maar?

## 7. Draken

Vanuit de lucht had het allemaal zo simpel
geleken. Maar nu ze dichterbij gekomen zijn, ziet
het er heel anders uit. De grot is erg groot en hoog.
Voor de ingang ligt een brede stoep met hoge
treden. Het lijkt meer op de ingang van een paleis.
Als Rob ernaartoe wil lopen, houdt Arrio hem
tegen. 'Je kunt daar niet zomaar naar binnen
stappen,' zegt hij angstig. 'Wie weet wat ons daar
te wachten staat.'
Rob aarzelt even. 'Ja, hoor eens,' zegt hij dan. 'Nu
we al zo ver zijn, kunnen we moeilijk terug. De
aap leek heel zeker te zijn van haar zaak. Lotje
moet ergens hier binnen zijn. En zonder Lotje hoef
ik niet terug op de camping te komen. Dan zul je
mijn moeder horen. En mijn vader!'
'Kan wel zijn,' sputtert Arrio tegen. 'Maar kunnen
we niet beter eerst proberen terug te gaan? Om
hulp te halen? Of om de politie te waarschuwen of
zoiets?'
Rob haalt zijn schouders op. 'Wie was hier nou de
bange schijterd? En weet jij dan de weg terug? Ik
niet.'
Ze zouden daar nog een hele tijd hebben staan
ruziën als ...
'Zijn jullie daar eindelijk?'
Lotje! Daar is Lotje. Achter haar staat een oude
man in een wijde, paarse mantel. Samen met de
oude man komt Lotje de hoge treden af.

Nu aarzelt Rob geen moment meer en hij holt op haar af. 'Lotje!'

Hij pakt haar in zijn armen.

Ze trekt een pruillip. 'Waar was je nou?'

Rob kijkt naar de oude man, die een buiging maakt. Hij wil iets zeggen, maar Lotje geeft hem geen kans.

'Parvas is best aardig. De anderen ook. Maar het is hier zo saai. Ik wil terug.'

'Maar we hebben toch leuke spelletjes gedaan?' zegt Parvas.

Lotje schudt haar hoofd. 'Niks leuk. Sááie spelletjes. Kijk maar,' zegt ze tegen Rob. Ze maakt zich los uit zijn armen. 'Ik zal het laten zien.'

Ze kijkt naar Parvas. 'Welk zal ik doen?'

Parvas maakt opnieuw een buiging. 'Je zou me een groot plezier doen met de blauwe draak.'

'Bah,' zegt Lotje. Maar dan is ze opeens verdwenen. Op de plaats waar ze stond verschijnt een nevel. Een lichtblauwe nevel, die snel vorm krijgt.

'Asjemenou!' zegt Arrio. 'Een draak!'

Het is waar. Opeens staat er een draak. Maar niet zo'n eng beest uit een sprookje. Het is een prachtige verschijning in lichtblauw en stralend wit dat alle kanten op schijnt. Inmiddels zijn er meer mensen uit de grot naar buiten gekomen. Ook zij dragen lange mantels in mooie, zachte kleuren. Ze staan op de treden van de brede trap. Ze buigen steeds opnieuw naar de schitterende verschijning en juichen.

Dan is het opeens voorbij. De draak is verdwenen. Lotje is weer terug. 'Dat bedoel ik nou,' zegt ze en ze kijkt een beetje verveeld naar Rob. 'Vond je het mooi?'

Hij hapt naar lucht. 'Mooi? Ongelofelijk mooi. En ongelofelijk knap!'

'Lotje heeft een enorm talent,' zegt Parvas. 'Niet alleen maar voor dit soort spelletjes. Die zijn maar bijzaak. Ze kan ook praten met planten en met dieren. Er zijn wel meer mensen in jullie wereld die dat kunnen, maar niet zo goed als Lotje. Ik heb haar straling al een hele tijd gevoeld.' Hij kijkt naar Rob. 'Jij hebt dat ook, maar veel minder. Daarom heb ik jullie hier naartoe laten komen. Ik wilde haar testen. En ik had gelijk. Ze zou mijn taak zó over kunnen nemen. Maar dat wil ze niet.'

'Ik heb je aldoor al een gek grietje gevonden,' zegt Arrio. 'Maar dit! Vind je het zelf niet eng?'

Lotje kijkt verbaasd. 'Eng? Waarom?'

'Vroeger konden jullie dat ook,' zegt Parvas. 'Sommige mensen waren daar erg goed in. Met kruiden en planten konden ze zieken genezen. Daar hebben wij toen veel van geleerd. Maar andere mensen begrepen dat niet. Die vonden het eng. Toen werd het bij jullie verboden. Wie dat soort dingen deed werd heks genoemd of tovenaar. Daarom leek het ons beter ons bestaan voor jullie voorlopig geheim te houden.'

Arrio grinnikt. 'Dan mag jij wel oppassen, Lotje!'

'Doe ik heus wel,' zegt Lotje.

'We zullen zien,' zegt Parvas. 'We zullen zien.'

Hij zucht. 'Maar als jullie toch besluiten om terug te gaan, kun je over ons bestaan hier maar beter niets vertellen. Aan niemand.'

Hij draait zich al om, om terug de grot in te gaan.

'Maar meneer,' zegt Arrio een beetje benauwd. 'Wij willen nu wel graag weer terug naar de camping. Weet u de weg misschien? En, als het kan, liefst een weg die wat korter is en niet zo eng.'

De oude man lacht. 'Maak je maar niet ongerust. Ik stuur jullie terug langs een heel korte en heel gemakkelijke weg.'

Arrio zucht opgelucht. 'Dank u wel, meneer.'

Rob kan het niet helpen dat hij stiekem een beetje moet lachen om Arrio. Anders is hij altijd zo stoer. Maar hij is zelf ook vreselijk benieuwd hoe ze terug moeten komen. Dus vraagt hij aan Parvas ...

# 8. Geheim is geheim

Rob vraagt niets aan Parvas. Dat kan niet, want
Parvas is weg! Ongelovig kijken de jongens om
zich heen. Ze staan weer precies op de plek waar
het allemaal is begonnen. Bij de ingang van hun
geheime grot, hoog boven de camping.
'Asjemenou!' zegt Arrio stomverbaasd. 'Hier ligt
mijn touw nog!' Haastig raapt hij het op.
'En je zaklamp!' zegt Rob.'Vraag me niet hoe dat
kan, maar die ligt hier ook.'
'Gaan we nou terug?' vraagt Lotje. Ze stapt naar
buiten en loopt helemaal tot de rand van het
paadje. Daar buigt ze zich voorover zo ver ze maar
kan en wijst omlaag. Snel komt Rob achter haar
aan. Hij pakt haar bij haar arm.
'Kijk uit! Moet je vallen?'
'Daar,' zegt Lotje.
Arrio is nu ook naar buiten gekomen. Ze kijken
naar beneden. De camping is van hieruit nét te
zien, heel klein onder aan de berg. Het ziet er daar
beneden heel stil en rustig uit.
'Zo te zien hebben ze ons nog niet gemist,' zegt
Arrio.
'Gelukkig maar,' zegt Rob opgelucht. Hij tilt Lotje
op en zet haar op zijn schouders. 'Laten we maar
gauw naar beneden gaan. Zal ik voorop gaan of
jij?'
Haastig begint hij het pad af te lopen. Maar als
Arrio geen antwoord geeft, stopt hij weer.

'Arrio?' Hij draait zich om. 'Wat ...?'
Zijn mond valt open van verbazing. Arrio staat
doodstil en staart naar de ingang van de grot. Of
liever: naar de plek waar de ingang wás! Want op
die plek is niets te zien dan een dichte, ruwe
rotswand.
'Krijg nou wat!' zegt Rob. 'Waar is de grot
gebleven?'
'Weg!' zegt Arrio stomverbaasd. 'Ik stond nog
maar nét buiten, draaide me om … en wég! Geen
grot meer te zien. Hoe kan dat nou?' Hij loopt naar
de rotswand. Hij voelt erlangs met zijn hand. Hij
klopt erop.
'Laat maar,' zegt Rob. 'Parvas zei toch dat ze hun
wereld geheim willen houden. Je ziet het! Daar
heeft hij goed voor gezorgd.'
Arrio begint zenuwachtig te lachen. 'Asjemenou!'
hikt hij. 'Ik ontdek een geheime grot waar ik
wereldberoemd mee hoopte te worden, én
schatrijk! Nou, vergeet dat maar! Geheimer dan dit
kan gewoon niet!'
'Precies,' zegt Rob. 'Je hebt je geheime grot alleen
maar kunnen ontdekken omdat Parvas dat wilde.
Dus het spijt me voor jou, maar: mondje dicht!
Niks krant en niks beroemd worden. En jij ook,
Lotje,' zegt hij haastig. 'Niets zeggen over de grot,
hoor!'
'Grot?' Ze kijkt verbaasd. 'Welke grot?'
Rob weet niet goed wat hij daarop moet
antwoorden. Het blijft even stil. Dan zegt Arrio:
'Ik vind jou best lief, Lotje, maar toch ook wel een

48

béétje een eng grietje. Kom op!' Meteen begint hij
te lopen, het paadje af naar beneden.

Ze hoeven de weg niet te zoeken. De afdaling gaat
dus erg gemakkelijk. Het laatste eindje sluipen ze
heel voorzichtig, om niet betrapt te worden door
de baas van de camping. Snel klimmen ze over het
hek. Net op tijd, want het busje met hun ouders
komt er aan en rijdt de camping op.

'Zo, jongens,' zegt Robs vader. 'Daar zijn we
weer.' Hij pakt Lotje op en geeft haar een knuffel.
'Hebben jullie een leuke dag gehad?'
'Ik heb geslapen,' zegt Lotje. 'En ik heb hop-
paardje gedaan. Met alle twee!'
Rob stoot Arrio aan, legt zijn vinger op zijn lippen
en geeft hem stiekem een knipoog.
'Ja pa,' zegt hij dan. 'Het was best een leuke dag.'
'Zo is het,' zegt Arrio. 'Hartstikke leuk.'